Fritz Widmer
Di wüeschte u di schöne Tröim

Fritz Widmer

Di wüeschte u di schöne Tröim

Bärndütschi Lieder u Gedicht

Zytglogge

Das Umschlagbild stammt aus einer Serie
von 7 Lithographien von Martin Ziegelmüller
nach Liedern von Fritz Widmer, die im
Atelier Richi Steffen in Langenthal gedruckt wurden.
Es stellt das «Bohnebedli» dar,
Zentrum der «Kriminalgschicht», welche
Mani Matter, Jacob Stickelberger und Fritz Widmer
1972 gemeinsam verfassten

Foto auf der Umschlagrückseite: Klaus Schädelin

2. Auflage 1984

Alle Rechte vorbehalten
Copyright by Zytglogge Verlag Bern, 1980
Druck: Willy Dürrenmatt AG, Bern
Printed in Switzerland
ISBN 3 7296 0113 X

Zytglogge Verlag, Eigerweg 16
CH-3073 Gümligen

Über Fritz Widmer

Die Widmerchansons sind fast die verzwacktesten von allen, weil sie so anfangen wie bodenschtändige Choscht, so mit einem Schwyzerörgelibärndütsch, und dann bleiben sie erst noch fast bis zum Schluss rotbackig und chäch. Der Wysel Gyr muss eine feine Nase haben, dass er diese Chansons nie in seine Sendungen für Stadt und Land aufnimmt: Eingewickelt in ihre Volkstümlichkeit gehören sie nämlich nicht an einen Ort, wo man zufrieden bödelet und tänzelet. Wer gut hinhört, vernimmt aus ihnen folgendes: Die Tanzböden sind morsch; und der Mensch ist schwach, auch wenn er einen Bizeps hat; und die Fässer, von denen wir Lustigkeit abzapfen, sind hohl; und die Welt – sogar die bernische – wird oft sehr traurig; und in ihr leben viele an der Schattseite, und so manches ist eitel. Fritz Widmer sagt Sachen, die heute und morgen drohend von der Kanzel herunter tönen, aber er packt sie so ein, dass nur die Merkigen sie merken, und er sagt sie liebenswürdiger, freundlicher, poetischer und trauriger als mancher Prädikant.

Klaus Schädelin im Vorwort zum «Fromme Ross»

Die Melodien

Die notierte Melodie passt meist nur auf die erste Strophe; und auch so gibt die Notation kaum je den Rhythmus des gesungenen Liedes wieder, da fast bei allen Liedern der Sprechrhythmus stärker hervortritt als die Melodie. Es trifft dies besonders zu auf Lieder wie «Morge» und «Lied vo de Lüt won i nid versta». Ein Takt, den ich mit vier Viertelsnoten geschrieben habe

könnte auch so geschrieben werden

oder es müsste in einer andern Strophe eigentlich stehen:

Aber das würde zu weit führen. Im übrigen möchte ich auf die Schallplatten verweisen (siehe Inhaltsverzeichnis).

Fritz Widmer

S geit niene so schön u luschtig

S geit niene so schön u luschtig
wi bi üs im Militär.
O wenn i doch nume scho wider
im nächschte Weka wär!
Die chärnige Sprüch vom Houpme,
die rassigi Uniform,
das Räble vo Maschinegwehr, i
wett, es wär scho morn!

Am morge tüe mer eis jutze
u äsne Chäs u Brot.
De gange mer d Zäng ga putze
bis si blitzen im Morgerot.
Drufabe mit lüüchtigen Ouge
u schwäre gnaglete Schue
u mit eme luschtige Liedli
göh mir den Aupe zue.

Dert brüele mer, seckle u gumpe
über Züün u Gräben u Weid,
de schiesse mer scharpf, u s Härz
das zablet wi wiud vor Fröid

U wenn es zuefäuig eine
vo üsne o preiche tät, de
gä mer ihm afe chly Schnaps u
hole de d Sanität!

Am Abe göh mer i d Beiz u
trinken es Gleseli Wy
u brichten enang vo früecher
u s wird is gäng wöhler derby.
De singe mer rassigi Lieder
vo bluetige Schlachten u so
vo Blüemli u letschte Grüessli
u eis das geit eso:

S geit niene so schön u luschtig
wie bi üs im Militär.
O wenn i doch nume scho wider
im nächschte Weka wär!
Die chärnige Sprüch vom Houpme,
die rassigi Uniform,
das Räble vo Maschinegwehr, i
wett, es wär scho morn!

Winterlied für Stadtjodler

Am Morge, we's no rägnet
u stockfyschter isch,
de hocke mir gmüetlech
ir Chuchi am Tisch,
hei Chäs und hei Anke
u Gomfi u Brot,
u d Nydle isch chüschtig
u d Backe sy rot,
    holi duli holi duli hollero
    u d Backe sy rot

U hei mer de ggässe,
de isch's üs so wou,
mir jutze vor Fröide
u ärvele d Frou,
si seit: «Hesch e Chappe,
vorusse da zieht's!»
Doch mir sy scho munter
uf em Wäg zu der Büez
    holi duli holi duli hollero
    uf em Wäg zu der Büez

Mir tippe im Büro
Papiir um Papiir
u ds Telefon lütet,
wie wou tuet das mir,
mir nä fröhlech Znüni,
es isch so wie gäng,
mir wärche u löje,
der Tag wird nie z'läng
    holi duli holi duli hollero,
    der Tag wird nie z'läng

U wird es de Abe,
de hueschte mer chly,
u de gö mer heizue,
ou das mues haut sy,
es Rüngli no Fernseh,
es Stüngli bir Frou,
– u de no eis jödele,
e so isch's üs wou!
    holi duli holi duli hollero,
    eso isch's üs wou!

Abschidslied für Kanada-Uswanderer

Do hei mir ietze zäh Johr gwohnt,
mit Schof u Ross u Chüe,
hei gwärchet, ggässe, gschlofe, und
verleidet isch's üs nie.
E schöne Garte hei mer gha,
u guete, murbe Härd.
Henu, das isch ietz aus verby,
u ds Chlage het kei Wärt.

Das Huus steit haut am lätzen Ort
u ghört am lätze Ma.
Dä het ietz syner Milione
u mir göh uf Kanada.
Si rysse ds Huus nächscht Wuchen ab,
und i bi nume froh,
dass i numm da bi u nümm mues gseh,
was nächär hie wird stoh.

Am Brunne louft no ds Wasser
u d Chirschböim blüeije scho,
u d Chatze loufe dür e Stau,
u d Schwaube sy scho do,
e Fänschterlade schlot a d Muur,
süsch isch aus stiu u läär.
Eigetlech hätt's is gfaue hie,
u ds Furtgoh faut is schwär.

Hingäge we me gseht was hütt
aus i däm Land passiert,
drütuusig Heimet minger
jedes Jahr, wüu's nümm räntiert!
Do stimmt doch eifach öppis nümm,
chlys Schwyzerland, o nei:
Wirsch es Land ohni Land, gly bisch nume no Stadt,
u da'sch nid, was mir wei.

: Drum fahre mir uf Kanada,
u chöme nie meh hei. :

«Hast du den Hans gut gekannt?» fragt ein Bauer seinen Nachbarn und schaut zu, wie die heftig bockende Kuh Silka im Kreis herumgeführt wird. Er spricht wie von einem Verstorbenen. Dabei steht der Hans in der vordersten Reihe und rechnet in Gedanken zusammen, was ihm seine vergantete Habe einbringt: die Waschmaschine 200, die Stubenuhr 50, die Kuhglocken mit Riemen 20 Franken, und jetzt wird der Stall ausgeräumt. Hans Wirth aus Buch bei Frauenfeld ist einer der sechsunddreissig Bauern, die an Ostern mit ihrer ganzen Familie nach Kanada auswandern.
Die ersten Kanada-Auswanderungen letzten Sommer wirkten in der nähern und weitern Umgebung noch wie ein Donnerschlag. Hölzern bedauerten die jeweiligen Regionalzeitungen: «Muss das sein?» Oder klagten: «So weit hätte es nie kommen dürfen.»

Jetzt ist das Ereignis fast schon alltäglich geworden: vor allen in den Kantonen Aargau, Thurgau, Zürich und St. Gallen. Hier, wo die Betonwellen, die die Städte aussenden, bis vor die Miststöcke branden und bald jedes grössere Dorf seinen Wegweiser «Industriegebiet» hat, räumt die Basler Verschiffungsgesellschaft jede Woche einige Bauernhäuser aus und spuckt das, was nach der Gant noch übrigbleibt, drei Wochen später in Quebec wieder an Land. Die Möbel sind meist dabei. Denn Land-«Fluchthelfer» Charly Feller, Makler von Beruf, rät seinen Kunden, Tisch und Buffet «gegen Heimweh» mitzunehmen.

Freiwillig oder des Geldes wegen verlassen allerdings die wenigsten die enggewordene Schweiz. Vielmehr werden sie aus ihrer Heimat vertrieben. Der Countdown beginnt meist mit der Kündigung von Pachtland.
«Richtig ussegschtellt» kommt sich die Pächterfamilie Strikker im sanktgallischen Diepoldsau vor, seit ihnen der Grundbesitzer ein Drittel des Pachtbodens für den Bau einer Siedlung weggenommen hat. «Mit dem Restboden können wir nicht mehr existieren.»
Pächterfamilie Schmid aus Rüti wollte den Hof, den sie seit zwanzig Jahren bearbeitet, kaufen, als er zu haben war. Aber es ist schwer, mit dem erwirtschafteten Milchgeld gegen Baugenossenschaften, Industrie und Spekulanten zu bieten. «Wieviel schliesslich gezahlt wurde, wissen wir nicht. Wir wissen nur: unser Angebot hat bei weitem nicht gereicht.»
Vom Stäfner Mühlehölzli-Pächter hiess es, er sei der Fleissigste und Strebsamste weit und breit. Jedes Jahr vergrösserte er seinen Viehbestand und legte Erdbeerpflanzungen unter Plastik an. Seit man ihm sein Pachtland gekündigt hat, sieht der fleissigste aller Bauern keinen andern Ausweg, als mit Frau und vier Kindern nach Kanada auszuwandern.

Noch nie im Laufe der Schweizer Geschichte sind so viele Bauern mit Familie ausgewandert wie jetzt. Kein Wunder:

der Dollar ist tief, der Franken hoch, und das zweitgrösste Land der Welt mit 300 000 Farmen macht's seinen bäuerlichen Einwanderern leicht und verleiht ihnen nach drei Jahren ohne Umstände das Bürgerrecht. Für ein USA-Visum dagegen muss man bis zu drei Jahren warten, und Australien und Neuseeland schützten sich mit einer Art Lex Furgler, die allerdings viel perfekter funktioniert als die unsrige, gegen Ausländer.
Die meisten der 100 000 Menschen, die seit 1965 der Schweizer Scholle den Rücken gekehrt haben, flogen allerdings nicht so elegant davon wie die Berwegers, Walsers, Lüthis und Strickers, sondern tauchten auf viel unspektakulärere Weise unter: in städtischen Büros und Fabriken. Die meisten der rund 3000 Bauernhöfe, die in der Schweiz jährlich verschwinden, verschwinden ohne Schlagzeilen. Unauffällig wird bald hier, bald dort eine Parzelle an eine Baugenossenschaft verkauft. Der Bauer zieht in eine städtische Eigentumswohnung mit Zentralheizung, während ein Städter seinen ehemaligen Hof, sofern er stehen bleibt, in ein nostalgisches Liebhaberobjekt verwandelt. Das Haus hat Glück, wenn sein neuer Besitzer bis ins Tessin reist, um die ganz besonderen, seltenen Dachziegel zu finden, die zum Haus passen. Es hat weniger Glück, wenn die neuen Besitzer unter «ländlich» mit Geranien gefüllte Pneus vor dem Haus verstehen und ihren neuen Besitz von aussen mit Kupfer und Schmiedeisen panzern.
Den Schwarzen Peter für diese Entwicklung schieben die Bauern der lästigen Milchkontingentierung zu, die die abgelieferte Anzahl Milchliter von der immer knapper werdenden Bodenfläche abhängig macht. Auch drückt das auf die Viehpreise.

Margrit Sprecher in der Weltwoche vom 28. März 1979

Einisch sy par Manne cho

Einisch sy par Manne cho,
hei gseit: «Lue da dä Plan!
Da druffe isch dy Hoschtert,
u da chäm d'Outobahn.
E Bitz vom Garte darfsch o gä
für d Beläbig vom Verchehr:
mir wett dir die Chance gä,
es isch e grossi Ehr!»

Die Manne, die hei Wörter bruucht
wo mir chly nöi sy gsi:
Infrastruktur u Konjunktur
u meh Kontakt mit der Kultur
u Harmonie mit der Natur
u Gäut gäb's ou no chly.
«U we a d Zuekunft dänkisch»,
so hei si schliesslech gseit,
«wettsch doch nid, dass dy Hoschtert
vor üsem Fortschritt steit!»

Einisch isch e Trax cho
und het d'Öpfuböim umgleit.
«Ietz hesch de ömu Houz dä Winter»,
hei si mir du gseit,
«u däwä gleitig umegrabt

hesch du im Garte nie,
du bruuchsch ou nümm so z chraue drinn
u minger Gjätt uszie!»

Der Hans, my Nachber, han i nöje
lang scho nümme gseh,
und ou sys Huus gsehn i vor luter
Grien u Dräck nümm meh.
Mitnang e chly ga prichte,
wie isch das gmüetlech gsi – –
doch mitts i dene Muure inn
isch Gmüetlechkeit verby.

Si hei mer ietz en Outobahn
dür my Garte bboue,
u we dir d'Ohre zueheit chöit dr
mau dä Bschis cho gschoue:
I der Kultur und i däm Fortschritt
bin i nümm deheim!
Da wäre mir de lieber wider
myner Öpfuböim!

Geschrieben für die Volkskundgebung gegen die N6 und Rawiltunnel auf dem Mannenberg bei Zweisimmen am 28. Mai 1978

Warum gegen den Rawil?

Zerstörung des Simmentals: Das Simmental, ein Landwirtschafts- und Erholungsgebiet ersten Ranges, darf nicht einem überdimensionierten Strassen- und Tunnelprojekt zum Opfer fallen!

Tunnelbau, finanzielles Risiko: Tunnelbaufachleute weisen auf schwierige geologische Verhältnisse im Rawilgebiet hin. Die Erfahrungen, die man bis heute in einem Sondierstollen gemacht hat bestätigen diese Bedenken. Wir wollen kein zweites Furkatunnel-Debakel.

Verkehrspolitisch widersinnig: Der Bau der geplanten N6 bringt eine unnötige Verlagerung des Verkehrs von der Schiene auf die Strasse.
Eine solche Verlagerung ist im Zeichen der Energieverknappung unerwünscht.

GVK verzichtet: In der Schlussvariante 1 verzichtet die GVK (Gesamtverkehrskonzeption) auf den Bau der N6 und des Rawiltunnels. Die in der Schlussvariante 2 angeführten Argumente für den Bau der N6 und des Rawiltunnels stützen sich lediglich auf mutmassliche Spitzenbelastungen an Wochenenden.

Leistungsfähige BLS: Selbst wenn der Güterverkehr massiv zunehmen sollte, ist die BLS im Jahre 1979 in der Lage, bereits doppelt so viele Fahrzeuge wie 1975 zu verladen.
Die rasche und bequeme Zufahrt Gampel–Goppenstein wäre sichergestellt, wenn der Ausbau der Kantonsstrasse von den Verantwortlichen zügiger verwirklicht würde. – Eine Bundessubvention von 30 Mio Franken ist dafür bereits zugesichert worden.

Über eineinhalb-tausend Millionen Franken: Für den Ausbau der BLS auf Doppelspur wurde im Jahre 1976 ein Kredit von 620 Mio Franken gesprochen. Die nur 20 km vom Lötschberg entfernte Rawilverbindung würde nochmals rund 1 Milliarde Franken kosten.
Die Konkurrenzierung der BLS durch die Rawilstrasse ist angesichts der heutigen Finanzlage nicht zu verantworten.

Benzinrappen reicht nicht aus: Auch bei Spitzenbelastungen deckt der auf der Autobahnstrecke Wimmis–Uvrier erzielte Bezinzollertrag im Maximum 20 % der Kosten von Bau und Unterhalt des erwähnten Autobahnabschnittes. Für 80 % des Aufwandes sowie für ein allfällig entstehendes Defizit der BLS muss die öffentliche Hand aufkommen.

Tarifvergünstigung: Um die Erschliessung des Mittel- und Oberwallis verkehrstechnisch attraktiver zu gestalten, muss eine Tarifvergünstigung für den Autoverlad am Lötschberg geprüft werden.

Weitere Unterschriftenbogen und Unterlagen zur Erlangung der Mitgliedschaft von PRO SIMMENTAL können unter folgender Adresse angefordert werden:

Pro Simmental   3771 St. Stephan

WERDET MITGLIED VON PRO SIMMENTAL!

Näbulied für scho ender meh atomchraftwärchfründleche Männerchor

Es geit scho gäge Winter zue,
mir hocke gärn am Schärme,
mit Händsche, Chappe und mit Schnaps,
probiere mir üs z'wärme,
    U luege lang uf Fäud u Waud,
    gly wird es füecht u wyss u chaut,
    doch mir hei z'ässe gnue,
    u der Näbu deckt aus zue,
    u der Näbu deckt aus zue.

Wie hüür aus blüejt und wachst u stygt,
s git gäng meh Miuch und Anke,
meh Chüe, meh Hüser und meh Lohn,
Fabrigge, Outo u Banke.
    Mir sy ja frei u hei fasch aus,
    u gly chunnt no der Samichlaus,
    u Ornig git's u Rue,
    u der Näbu deckt aus zue,
    u der Näbu deckt aus zue.

Im Grabe, dert ar Aare ung,
dert wird es Chraftwärch bboue:
wie das so schön i d Gägend passt,
wär redt da no vo versoue!
    Chärnchraft isch chärnig, so wi mir,
    drum sy mir aui ou derfür,
    u we's nid guet chunnt, lue,
    deckt ja der Näbu aus wider zue,
    deckt der Näbu aues zue.

Geschrieben für die Demonstration gegen das geplante Kernkraftwerk Graben, am Pfingstmontag, 4. Juni 1979.

Vo de guete und de schlächte Zyte

Mir läben i're leide Zyt,
 s gheit aues abenang,
so säge d'Lüt hüt mängisch,
 es gruusi sen afang,
doch vilech isch's zu aune Zyte
 so gsi, weder äbe,
so nünedryssg bis füfevierzg,
 da het me möge läbe:
  Wie schön isch's dennzumale gsi,
  wo wott das mit dr Wäut hüt hi?

Denn isch's im Summer warm gsi,
 und im Winter chaut,
u für 'ne Bächer Bier het me
 denn non es Zwänzgi zaut.

Denn het no niemer gredt vo Härz-
 infarkt u schlächte Zäng,
u d'Gielehaar sy churz gsi
 u d'Meitlizüpfe läng,

u mi het nid aus ggänggelet
 u gchouft grad was me gseht,
u aus furtgheit, was eim isch vürig
 gsi, wie's hüt so gscheht:
  Wo wott das mit dr Wäut hüt hi?
  Wie schön isch's dennzumale gsi!
Oh wär's doch wider so wie denn,
 es gluschteti eim bau.
Zwar teeu hei scho chli Päch gha, aber
 wäger lang nid au.

U die wo Päch hei gha, sy ja
 vüra nid Schwyzzer gsi,
Mir Schwyzzer hei scho gluegt, dass men
 üs het i Rue la sy,
Denn isch me no zum Militär
 u het sech nid scheniert,
u mi het no Reschpäkt gha
 u het nid reklamiert:
  Die Reklamiererei dürhar
  isch hüt e ganz e grossi Gfahr,
u die verwöhnte Junge hütigs-
 tags, die Stürmihüng,
we's wider so wie denn chäm, ja,
 da stürmte si de nümm!

Mir läben i're leide Zyt,
 so säge d'Lüt, u drum,
wär's vilech guet, we's wider mau
 so chlepfti zringsetum:
  Teeu säge zwar, we's wieder so
  chäm, preich's üs dasmau sicher o.
Doch mir sy ja so harmlos, gäbig,
 fridlech, brav u nätt,
u das wär afen uverschant,
 we's üs o preiche tät!

Die ersten 14 Lieder in diesem Buch sind eigentlich Volkslieder; das heisst, es sind Lieder, welche wir Schweizer in den siebziger und achtziger Jahren singen müssten, wenn wir unsere Umgebung genauer anschauten und uns darüber Gedanken machten. Darunter sind auch die Neufassungen von zwei alten Volksliedern: «Wie mache's de die Zimmerlüt?» und «Stets i Truure mues i läbe». Alte Volkslieder kranken manchmal an etwas verzworgelten Wort- und Satzstellungen; was ich also hier gemacht habe, ist nicht eine Modernisierung, sondern ich habe mir einfach vorzustellen versucht: Wie würde ich das in meiner *Sprache und meinen Ausdrücken heute jemandem sagen, was in diesem alten Liebeslied steht.*

Ohni Fröid so wyterläbe

Ohni Fröid so wyterläbe,
säg, was bin i dranne tschuld?
Warum lasch mi sy, und i
bi da elei mit myr Geduld?

Zwar, du bisch mir us den Ouge,
aber gar nid us em Sinn,
was i tänke, was i troume,
no i auem bisch du drinn.

Mängisch cha eim d Liebi wehtue,
gäng wie meh, u brönnt eim heiss,
o wie wou mues's em ne Mönsch sy
wo nüüt vo der Liebi weis!

Spile dir ietz glych es Liedli,
kennsch die Musig, dänksch no dra?
Wäm's nid gfaut, söu mira pfyfe,
i hingäge wott's so ha.

Bis au Bärgen äben wärde,
aui Täler ufgfüut sy,
bis der Tod mir ds Läbe wägnimmt
han i nüüt so gärn wi di.

Bis dass d Ärde wird verschwinde
und verlösche Stärn um Stärn,
bis dass d Sunne wird erchaute
so lang han i di no gärn.

Stets in Trure mueß i lebe

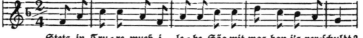

Stets in Tru-re mueß i le-be, Säg mit was han i's ver-schuldt?

Wil min Schatz isch un-trü wor-de, mueß i's li-de mit Ge-duld.

1. Stets in Trure mueß i lebe;
   Säg, mit was han i's verschuldt?
   Wil min Schatz isch untrü worde,
   Mueß i's lide mit Geduld.

2. Chummst mir zwar us minen Auge,
   Aber nüd us minem Sinn;
   Hättist mir wohl dürfe glaube,
   Daß i trü gewese bin.

3. Rechti Liebi gat vu Herze,
   Rechti Liebi brennet heiß;
   O wie wohl ist einem Mensche,
   Der nüd weiß, was Liebi heißt.

4. Spilet uf, ihr Musikante,
   Spielet uf das Saitespil,
   Minem Schätzli zu Gefalle,
   Mög's verdrüße, wen es will.

5. Bis die Berge tuen sich büge
   Und die Hügel senke sich,
   Bis der Tod mir nimmt das Lebe,
   So lang will i liebe dich.

6. Bis der Mühlstei traget Rebe,
   Darus flüßet süeßer Wi,
   Bis die Distle traged Fige,
   So lang sollst du blibe mi.

Aus: Im Röseligarte, viertes Bändchen,
Francke Verlag Bern, 1976

Lied zum Ywintere

We's am ne Sundi z'chaut isch zum Spaziere
u we me no nid ma ga schyne, geit me
de wider einisch z'Predig u ghört dert
der Organischt u was me süsch so sött:
meh Fröid am Läbe ha u nid verzwyfle,
üs göi's ja däwä guet, für was de angschte –
de geit me hei, u fragt sech, öb men Angscht heig,
u die wo möge, göh ids Hallebad.

> UND WENN DIE WELT VOLL TEUFEL WÄR
> UND WOLLT UNS GAR VERSCHLINGEN
> SO FÜRCHTEN WIR UNS NICHT SO SEHR
> ES SOLL UNS DOCH GELINGEN

Zwar Tüüfle gseht me hüt scho ender säute,
hingäge gspüre cha me se no gnue,
d'Lüt gloube einewäg ganz anger Sache
u trage wullig Händsche u Pulöver
u gö am Abe hei u zünte dert
es Füürli a u luege lang i d'Flamme
e Chuscht vo Chäs u Chnoblouch isch im Huus
und us em Radio da tönt's eso:

> NUN DANKET ALLE GOTT
> MIT HERZEN MUND UND HÄNDEN
> DER GROSSE DINGE TUT
> AN UNS UND ALLEN ENDEN

Zwar äbe, grossi Ding tuet Gott hüt nümme
die mache d'Mönsche äbe ietze säuber:
Die Dschumbodschet u Wäutruumrageete,
Atomchraftwärch u settig Unghüür,
u aus wo chlyn isch u stiu u läbig,
wo säuber wachst, au die Böim u Blueme,
die wärde umgleit u kaputtgmacht,
wie weni git's äch i par Jahre no?

> GEH AUS MEIN HERZ UND SUCHE FREUD
> IN DIESER LIEBEN SOMMERZEIT
> AN DEINES GOTTES GABEN ...

Zwar suecht me d'Fröid hüt nümme mit em Härz;
mi cha sich ja gnue anger Sache leischte,
teeu gö uf Indie, anger lose Platte,
u anger seckle a re Baue nache.
U glych: die meischte Mönschehärz,
die warte da uf ihre nächscht Infarkt.
Spitäler git's ja gnue, doch im Novämber
het's im Spitau no minger Troscht aus süsch.

> DER WOLKEN LUFT UND WINDEN
> GIBT WEGE LAUF UND BAHN
> DER WIRD AUCH WEGE FINDEN
> DA DEIN FUSS GEHEN KANN

Und het me Schwein, so übersteit men aues,
u lost em Wind u luegt de Wulche zue,
d Ching chöme hei u lege rot u gäubi
Chirschiboumbletter uf e Stubetisch,
näh Zucker, Mäu und Eier vüre
u Schoggela, u fö a Chrömi bache,
u säge d Zwölferreie u Gedicht uf
wo si scho lang sötten uswändig chönne:

BRICH AN DU SCHÖNES MORGENLICHT
DAS IST DER ALTE MORGEN NICHT
DER TÄGLICH WIEDERKEHRET
ES IST EIN LEUCHTEN AUS DER FERN
ES IST EIN SCHIMMER, IST EIN STERN
VON DEM ICH LÄNGST GEHÖRET

Die Psalmenstrophen aus dem Kirchengesangbuch sind nach den entsprechenden Melodien zu singen, in A-Dur oder a-Moll, je nach Tonart des Psalms.

Die Kirchenlieder sind:

1. Ein feste Burg ist unser Gott   Nr. 342
2. Nun danket alle Gott   Nr. 44
3. Geh aus mein Herz und suche Freud   Nr. 97
4. Befiehl du deine Wege   Nr. 275
5. Brich an, du schönes Morgenlicht   Nr. 125

Ich schrieb dieses Lied auf Weihnachten 1978 und schickte es Freunden und Verwandten als Neujahrsgruss. Die meisten reagierten nicht oder mit grossem Unbehagen. Das lag vermutlich auch daran, dass statt dem letzten Refrain die zweite Strophe aus Hölderlins «Hälfte des Lebens» stand:

> *Weh mir, wo nehme ich, wenn*
> *es Winter ist, die Blumen, und wo*
> *den Sonnenschein*
> *und Schatten der Erde?*
> *Die Mauern stehn*
> *sprachlos und kalt, im Winde*
> *klirren die Fahnen*

Das nur zum Nachdenken.

Lue die Böim
u los wie ds Wasser ruuschet

Lue die Böim u los, wie ds Wasser ruuschet,
gsehsch dert dä Fischreiher uf em Stei,
und e zwöite echly wyter hinge
mit yzognem Chopf u dünne Bei,
d Fische schwümme fuu u d Mugge tanze,
schmöcksch das Wasser, das het no e Chuscht,
da wei mir no dry, solang s no warm isch,
ds letschte Mau hüt, los, hättsch nid ou Gluscht?

Gsehsch die länge Härdwäum uf der Hööchi?
Dert isch öppe vor zwöituusig Jahr
mal e grossi Stadt gsi u viu Mönsche,
Gärte, Strasse, Hüser, Tier u War,
d Manne hei gfuerwärchet u hei ghouzet,
d Froue töpferet u Chleider gflickt,
d Ching hei Schiffli gmacht mit Schnüer u Brättli,
uf de Mischthüüffe hei d Hüener pickt.

Speter isch die ganzi Stadt verbrunne.
Ds einzige, was no dervo chasch gseh,

sy par Bachsteimüürli vo're Souna,
u par Wäum u Grebe, süsch nüt meh:
D Mönsche wo denn gläbt hei, ligen ietze
töif unger de Böim im letschte Troum,
läbig Lüt spaziere obe drüber,
Ching u Hüng springe vo Boum zu Boum.

Aber wider i zwöituusig Jahre,
chasch ja tänke, was da äne steit:
ömu nümm die Tanne und die Bueche,
wenn es so wie ietze wyter geit:
Fische u Fischreiher git's ou nümme,
nume Risebunker u Parkplätz
u die Mönsche – i ma nid dra tänke
jedefaus mi tüecht es ender lätz.

Aber hütigstags isch no nid aus lätz,
ömu du bisch's afe sicher nid,
d'Aare nid u nid die Buechewäuder,
sy mer froh, dass's settigs hüt no git:
chumm ietz dry u schwümm, mir wei's no gniesse,
ds Wasser und die ganzi Summerpracht,
uf der Aare ligt der Abeschatte,
u gly chunnt der Mond u de wird's Nacht.

Lieder über Bern rühmen gewöhnlich die Altstadt und enthalten Wörter wie «trutzig» und «Mutz» und «hochgemut». Mein Lied besingt dagegen zwei Dinge, die in den bisherigen einheimischen Liedern vernachlässigt wurden, die mir aber fast noch besser gefallen als die Altstadt: es ist erstens das Baden in der Aare im Sommer und zweitens der Wald.

Zum Nachprüfen: die geschilderte Stelle ist zu finden: Landeskarte der Schweiz, Blatt Bern, 1:25 000, Koordinaten 600300/203250.

Matroselied für Bärner Seemänner

dr Luft wäit chaut, u ds Meer isch grüen
u d Finger rot u blau,
i stryche da es Gländer a,
u d Wulche hange grau
u füecht u soodig über em Schiff,
o wär i doch wider emau
unger dr Linge uf dr Egg
deheim im Ämmitau

u ds Vreni wär bi mir u seiti,
hesch gäng tänkt a mi?
de seiti i, i wär gwüss mängisch
wöler bi dir hie gsi
u wär mit dir am Samschtigzabe
z Tanz u de mit dir hei,
anstatt i so gruusige Beize z hocke
z Hamburg oder z Hawai

henu itz bin i da, i Löu,
si rüefe grad zum Znacht
es git däich wider gschnätzlet Heringe
mit Sirup u Essig agmacht,
u Chabis u Grütz mit läiem Bier,
o, wenn gits wider emau

gschweut Härdöpfu mit Anken u Chäs
wi deheim im Ämmitau

wenn i wider dert bi, gan i de
am Sundig über Land
de Chirschböim und de Söiblueme na
u ds Vreni a dr Hand,
und über de Tanne schynti d Sunne
grad eso gäbig warm,
doch hie wäits chaut über ds graue Meer
u mi frürts das Gott erbarm

Ballade vo de drei bsoffene Chöchine

Drei bsoffeni Chöchine göh dür e Waud,
die einti isch dick, die angeri aut,
die dritti het non e Fläsche ir Hand
u singt es Lied vom Heimatland
u vo Liebi u Röseli rot

Drei strammi Turner göh dür e Waud,
u we si nid göh, de springe si haut
mit fröidigem Blick im Waud umenand,
si schwyge u tänke a ds Heimatland
u a Liebi u Röseli rot

Drei Poschtschofföre hocken im Chrüz,
der eint het Durscht, der anger frürt's,
der dritt seit nüt u stieret a d Wand,
doch plötzlech rüeft er: Heimatland,
verfluecht nomau da stinkt's!

I dreine Chuchine isch ds Ässe verbrönnt,
drei Turner chöme vom Wald zrügg grennt,
drei Chöchine schlafen am Waldesrand,
si troume si sygi im Heimatland
mm mmm mmm m

Die folgenden drei Lieder sind Anregungen; jeder kann selber weiterdichten oder ähnliche Strophen machen. Es brauchen nicht unbedingt nur Leute aus dem Alten Testament oder Mädchennamen zu sein, aus denen man neue Lieder macht ...

Wie mache's de die Chemiker

Wie mache's de die Chemiker?
un eso mache si's:
Si bhoupte ihres Züüg syg rein,
doch wär's überläbt, het würklech Schwein,
    un eso, un eso, un eso mache si's

Wie mache's de die Offizier?
un eso mache si's:
si rede vom schöne Heimatland
u püuvere glych drinn umenand,
    un eso, un eso, un eso mache si's

Wie mache's de die Radiolüt?
un eso mache si's:
Si hueschte in es Mikrofon
u säge däm: Informazion,
    un eso, un eso, un eso mache si's

Wie mache's de die Samichlöis?
un eso mache si's:
Gäg Wienacht chöme si schön i Fahrt,
u nächär flicke si ihre Bart,
    un eso, un eso, un eso mache si's

Wie mache's de die Zahnärzt hütt?
un eso mache si's:
Si plätzge nöischtens jedem Ching
es Schwyzzer Einheitsbiis i Gring!
    un eso, un eso, un eso mache si's

Wie mache's de die Psychiater?
eso mache si's:
Si verdoue für zwöihundert Schtei
pro Schtung e Zäntner Seelebrei,
    un eso, un eso, un eso mache si's

Wie mache's de die Diplomate?
eso mache si's:
Si luege sehr gedige dry,
u vilich gieng's ou ohni si,
    un eso, un eso, un eso mache si's

Wie mache's de die Trubaduure?
eso mache si's:
Si grabe auti Liedli us
u mache de moderni druus,
    un eso, un eso, un eso mache si's.

Abraham & Co.

Abraham u Lot
äss e zämen e Chrott
Abraham het no nid gnue
u frisst am Lot sy Sundigschue
   lala lalala lala lala
               lala

Abraham und Isak
blasen in e Papyrsack
Abraham seit: «Auso doch,
dä chlepft nümm, dä het es Loch.»

Dr Noah i syr Arche
erwachet mau vom Schnarche,
da rüeft sy Frou: «Schlaf wyter,
dr Wätterbricht isch schitter!»

Isebel und Achab
rütschen über ds Dach ab,
dunge rüeft dr Dänu:
«Obacht, dert fäut dr Chänu!»

Abraham und Enoch
loufen über ds Bschüttloch,
Bschüttlochlade chrachet,
hähä, Isak lachet.

Belsazar u Kambyses
trinke zämen es Chlyses,
am Tisch drnäbe dr Moses
bschteut für sich es Grosses.

Ruben und Manasse
berchöme Krach bim Jasse,
derwylen isch dr Lazarus
mit de Stöck scho lengschtens duss.

Wo si uf Jericho
a Ggöppfinau sy cho,
da git Sodom Gomorra
vier zu eis uf d'Schnorra

Lot und Abraham
fahre hei im Tram,
da seit dr Lot «E lue,
wo isch itz my Sundigschue?»

Barbara & Co.

Barbara   Barbara
stang bitte nid uf myni Plaatera!
es si ja leider myner letschte,
we's die verchlepfe tät, was wetsch de?
O ooo

Vreneli   Vreneli
das git ietz hinech wider weneli,
du, weisch i sueche myni Suppe
nid bsungers gärn mit ere Lupe!
O ooo

Brigitte   Brigitte
chumm wärm e chly my linggi Syte
anstatt gäng wider nume z lisme,
süsch überchum i Röimatisme
O ooo

Gisela   Gisela
du söttsch nid derewä viu Gschir verschla,
u we's scho sy mues, de gschyder uf em Bode,
statt uf mym Chopf, da'sch eifach e Soumode
O ooo

Sabina   Sabina
du bisch e richtigi Lawina
bevor di wälzisch uf mi ufe
la mi no drümau zümftig schnufe
O ooo

Leonore   Leonore
Wo hesch o dyner Zäng verlore
Aha, hesch se deheim vergässe,
ietz muesch haut äbe Pudding ässe
O ooo

Monika   Monika
du chönntisch schon e chly meh Ornig ha,
was du da chochisch isch keis Würschtli,
dasch ja der Stiu vom Abwäschbürschtli,
O ooo

Sara   Sara
so ändet gottseidank dä Schmara!

Zu den Übersetzungen englischer und schwedischer Lieder

Ich stosse manchmal auf Lieder, bei denen mich die Lust packt, sie umzuformen und in meiner *Sprache den Leuten mitzuteilen. Am stärksten ist dieses Mitteilungsbedürfnis bei den schwedischen Liedern: Sie sind ausserhalb von Skandinavien kaum bekannt, und sie berühren mich ebenso stark, wenn nicht noch stärker, als die vielen amerikanischen und französischen Lieder, die man hierzulande im Radio zu hören bekommt.*
Dagegen fand ich es lange überflüssig, englische Lieder zu übersetzen: ich dachte, man verstünde sie schliesslich auch in der Originalsprache – bis ich Leon Rosselson *genauer zuhörte. «Why does it have to be me?» fand ich derart besser als die meisten anderen Kinderlieder, dass ich es einfach übersetzen und weitertragen musste. Ich möchte hier nicht erklären, was dieses Lied und sein kleiner Bruder «cangaroos like to hop» für mich bedeuten; wer sich mit Kindern beschäftigt, merkt wohl selbst, was Rosselson hier in verdichteter Form zustande gebracht hat.*
Über die schwedischen Lieder und ihre Tradition könnte man mehrere Bücher füllen. Ich muss mich hier mit ein paar wenigen Bemerkungen begnügen. Schwedisch lernte ich hauptsächlich, um die Lieder kennenzulernen und zu verstehen. Carl Michael Bellman *(1740–1795) in der Interpretation von Sven Bertil Taube war für mich vor zwanzig Jahren eines der grossen musikalischen Erlebnisse. Dass da einer zu Rokoko-Musik Dinge sagen kann, die ich sofort nachfühlte, die ich präzis vor mir sah – das verschlug mir beinahe den Atem. Seine Texte haben die Frische und Lebendigkeit von Goethes frühen Gedichten, die Musik könnte von Mozart stammen, und mit den Menschen, die darin vorkommen, möchte man gerne lange zusammensein und viel reden, spazieren, blödeln, singen, essen und trinken.*
Und nun das auf berndeutsch?

Ich konnte Bellman nicht wörtlich übersetzen – dazu hätte ich vermutlich die ganze Szenerie und das Personal ins patrizische Bern des 18. Jahrhunderts verlegen müssen. Ich wollte die Lieder aber in der heutigen Zeit haben, deshalb beliess ich nur die äussere Handlung und die Stimmung und schrieb dazu ein Lied über Menschen in unserer Zeit. «Non es Lied vom Dälebach Kari» ist im Original das Gespräch zweier Männer während des Begräbnisses einer allgemein beliebten Gastwirtin. Das «Lied vom Sundi» ist die Beschreibung einer Fahrt mit der Pferdekutsche aufs Land, mit wundervollen Sonntagsstimmungen; das «Summerlied» ist eine ausführliche und farbige Schilderung der Rückfahrt aus den Sommerferien über den Mälarsee nach Stockholm. Einerseits habe ich mich hier am weitesten vom Original entfernt, anderseits doch wiederum viele Bellmansche Eigenheiten aus andern Liedern hereingenommen: Typisch ist für ihn beispielsweise, dass eine Person die Landschaft, die Gespräche, die Vorgänge, die Umgebung schildert: Die Formel «Schau dort wie . . .» taucht immer wieder in seinen Liedern auf.
«s wird langsam spät» kommt dem Original näher; es ist übrigens das einzige der vier Lieder, das auch von deutschen Liedermachern in verschiedenen Übersetzungen gesungen wird. Walter Mossmann hat es umgearbeitet zu einem persönlichen Bekenntnislied; Werner Widmer hat meine Übertragung umgedichtet und eine neue Melodie gemacht. Ich mag beide Lieder sehr. Typisch schwedisch daran scheint mir auch das Mitten-im-Leben-sind-wir-vom-Tod-umfangen-Thema. Nur in wenigen anderen Kulturkreisen berichten die Lieder von der Nähe des Todes und dem Gefühl einer Gratwanderung zwischen Lebenslust und Todesahnung so deutlich wie gerade im schwedischen. Dass dieses Lied und «Bärgme Hannes sys Begräbnis» meine Zuhörer immer besonders angesprochen haben, deutet darauf hin, dass dies offenbar ein für uns eher ungewohntes – in der Sprache der Liedermacher: unverbrauchtes – Thema ist.
Damit komme ich zu **Ruben Nilson** *(1893–1971), dem ich*

drei der eindrücklichsten Lieder verdanke, die ich überhaupt kenne. Ich habe sie fast wörtlich übersetzt und hier aufgenommen, obschon meine Fassung von «den odödliga hästen» von nahezu allen Leuten abgelehnt wird. Aber offenbar können nur die Schweden diese Geschichte ganz begreifen. Ein Freund sagte mir, das sei zu sentimental, ein solches Gefühlsbad vertrüge heute niemand mehr in der Schweiz. Ich kann dazu nur sagen, dass ich schweizerische Gefühlsbäder kenne, in denen es mir bedeutend weniger wohl ist. Für mich ist da nicht nur ein Gefühl, sondern eine mystische, fast zärtliche Verbundenheit mit der Schöpfung drin, dargestellt an diesem merkwürdigen Ereignis: ein einsamer Bauer möchte sein Pferd auf eine etwas unsichere Weise vom Leben erlösen und kann dann doch nicht, merkt auch, dass er ohne dieses Pferd nicht leben möchte.
Cornelis Vreeswijk ** 1937) ist leider nur mit einem einzigen Lied vertreten, das bloss eine schwache Ahnung gibt von seinen Qualitäten. Wäre er bei uns bekannt, würde man wahrscheinlich enthusiastisch über ihn sagen, er sei ebenso kraftvoll und klug wie* Wolf Biermann, *ebenso sarkastisch und melancholisch wie* Georges Brassens, *könne aber auch sehr zärtlich, verspielt und drollig sein. Er verwendet für seine Lieder sämtliche verfügbaren musikalischen Stile, von Renaissance bis Atonalität, schwedischen Spielmannsweisen bis modernem Jazz. Hört ihn Euch selber einmal an, Ihr habt auch etwas davon, wenn Ihr kein Schwedisch versteht. Ich möchte sein Tagelied «Veronica» neben das von* Heinrich von Morungen *stellen, dazu noch ein drittes von mir selbst. Die Gattung ist eher selten geworden. Die mittelalterlichen Minnesänger waren da viel fruchtbarer. Grund genug, diese Lieder wieder aufleben zu lassen. Man kann auch am Morgen singen. Das Radio andrehen lohnt sich in den meisten Fällen ohnehin nicht.*

Ds Lied vom Vögeli u vom Ma

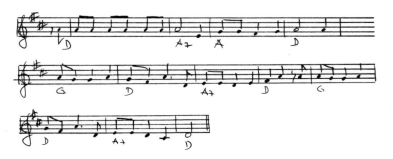

Es Vögeli uf em e Boum
u ungedra e Ma,
der Vogu tänkt sich fröhlech: Mou,
däm zeig i was i cha!

Är fat a singe und es tönt
wie Flöte und Schalmeie,
doch wüu der Ma nid lost, lat
der Vogu öppis gheie.

Hingäge das merkt ietz dä Ma,
ietz luegt är ändlech ueche,
es het ne mitts uf d Nase preicht,
mi ghört ne zümftig flueche.

D Moral vo dere churze Gschicht
vom Vögeli u vom Ma:
Mit Kunscht bringsch es niene hi;
mit Mischt chunnsch immer a!

(Nach einem deutschen Kinderlied)

Warum grad gäng numen i?

Refrain

Warum grad gäng numen i?
Warum chöi die mi nid la sy?
Warum söu i Züüg mache won i nid wott,
u warum de grad gäng numen i?

I ligen am Morge im Bett
u troume no chly, und i wett,
i wäri für gäng i mym Troumschloss us Stei,
i ganz elei
zfride u frei,
u de ghören i e Stimm, u's isch us mit myr Rue:

> AUSO HOPP STANG UF U TRINK DY GAGGO HOPP DU
> MUESCH I D SCHUEU U LUE DIE FINGERNEGU WO DU
> WIDER HESCH U AUSO NEI WO SY OU DYNER SCHUE?

u so geit's gäng wyter u i ha scho lang gnue,
u warum grad gäng numen i?

> Warum grad gäng numen i?
> Warum chöi die mi nid la sy?
> Warum söu i Züüg mache won i nid wott,
> u warum de grad gäng numen i?

U gäng nume Gmües zum Zmittag,
Fänchu u Louch u Salat,
Härdöpfu, das gieng no, doch lieber, verschteisch,
Schoggela, weisch,
Glasse – nid Fleisch.
Si säge zwar Gmües sygi gsung, he mira,
doch mängisch da tüecht's mi, si sägi's äxtra,
u nie isst eine vo'ne das won är nid ma,
u warum grad gäng numen i?

> Warum grad gäng numen i?
> Warum chöi die mi nid la sy?
> Warum söu i Züüg mache won i nid wott,
> u warum de grad gäng numen i?

U spilen i mau was mer gfaut,
de rüefe si sofort: Haut haut!
Wenn i d Stäge abrütsche oder säge: i wär
ietz mau e Bär
u trogle derhär,

de rüefe si: «Use mit dir, los ietz, mach!
Gang chly zu den angere abe a Bach!»
Doch die spile so Glöu u hei gäng nume Krach,
u warum grad gäng numen i?

Leon Rosselson «Why does it have to be me?»

Känguruh gumpe gärn

Känguruh gumpe gärn
u Chräje chräje gärn
Löje löje gärn
    aber i tschaupe gärn i ne Glungge

Chlyni Brüetsche gränne viu
u Vätter rouke viu
Grossmüetter frage viu
    aber i säge nüt u ga veruse

Outo sy pressiert
u Schiudchrött sy fuu,
Müetter hei kei Zyt,
    aber i ha der Duume im Muu

Auphörner töne
Töffe tschädere
Telefon lüte
    aber i singe no haub im Schlaf

Nach Leon Rosselson «Cangaroos like to hop»

Unsichtbar bim Zmorge Blues

... Härz isch numenes läärs Täuer da u niemer u niemer luegt mi a

U niemer wott mi gseh
mit em Löffu nimmt er Zucker u gheit Zucker i sy Tee
tuet d Zytig uf u i gseh von ihm nüt meh
und är rüert im Tee
und är schlückt sy Tee
u wott mi nid gseh

är trinkt sy Tee u luegt mi nid a
un är tätschlet syni Chnöi u seit, aha,
u lüpft der Chopf u luegt ds Chuchizyt a
u lächlet mi a
aber nüt isch dra
är luegt mi nid a

är luegt dür mi düre u wott mi nid gseh
u sys Lächle isch schwär wie dräckige Schnee
u gheit uf e Tisch in e Tasse Tee
u de seit er, i ga
hänkt es Müntschi dra
aber nüüt isch dra

är git mer es Müntschi u luegt mi nid a
un är dräjt sech i der Türe no mau um, my Ma
und luegt öb är öppis vergässe heig, doch da
bi numen i, wo win e Stei i der Wüeschti sta,
un är luegt mi nid a

u ds Tischtuech het Fläcke u die luege mi a
u ds Mässer wo no Anke drann isch, starrt mi a,
u statt em Härz isch numen es läärs Täuer da
u niemer   u niemer
luegt mi a

Leon Rosselson «Invisible Married Breakfast Blues»

Vati, chumm hei

Vati, chumm hei,
weisch mir blangen aui scho,
chumm gäb der Summer vergeit, liebe Vati
s donneret nümm,
und es wird ietz gleitig Nacht
Oben am Himmel
schynt ds Stärnli so schön

Was i gärn hätt,
wär es Halsband vo Koralle
nüt angers, gwüss nid,
es choschteti viu z viu;
i üsem Waud,
da sy d Heiti dunkublau,
und üser Schwalbe
hei Jungi im Näscht.

Der See isch so warm
und i bade jede Tag,
un i gumpe dry i ha gar ke Angscht,
weisch i schwümme ietz scho guet.
Mir hei's so schön
da i üsem chlyne Huus,
und es Tänneli hei mir geschter gseh,
das git de e Wienachtsboum

Dä Brief han i
eleini gschribe, ömu fasch,
und i mues doch ersch
nächscht Früelig i d Schuel ga!

Vati chumm hei,
i weis, was de überchunnsch!
ietz hört der Brief uf
vo dym
Annemarie

Evert Taube «Pappa kom hem»

Amerikabrief

Auso los emau, dear Mary, weisch,
du kennsch mi äuwä nümm,
aber ietze schryben i e Brief für di:
Mir geit's very well, u sorry, weisch,
i cha nümm rächt bärndütsch,
doch i hoffe, du verstandsch mi glych e chly.

Yes, you know, I love di immer no
trotz dene many years
won i ab bi us däm schöne Switzerländ;
hesch mi bschisse, für ne Löu gha
u bisch mit men andren ab,
doch i ha di gärn until my bitter end!

Und i ha no fasch au Zäng u zimli
Haar u rouke nüüt,
u dernäbe bin i ou scho zimli rych.
Uf der Bänk sy meny dollars won i
zsäme gwörket ha
i der Johnson Brothers Factory Fabrik.

Das isch truurig gsi für di dass es
dy Ma ietz doch het preicht,
jä der alcohol dä isch halt nid so gsung!
I für mi i trinke Tee u Milch

drum bin i gäng so zwäg,
söttsch mi gseh, du seitisch: Fredi, no so jung!

Doch ietz wo's sowyt isch cho, vergässe
mir die alti Gschicht,
und i hätti just one little schüüchi Bitt,
won i lang dervo ha troumet, los,
chämsch ietze no zu mir –
u we Ching hesch, nimm se nume ou grad mit.

Aber ietze let me finish, und
i hoffe du schrybsch ou
möglechscht gly mau, und d'Adrässe söttsch no ha:
Mister Alfred Siegenthaler,
twenty-seven B, Main Street,
Langnau City, Indiana, USA

Ruben Nilson «Amerikabrevet»

Ds Lied vom Langenegger Sämu
u sym Ross Lisi mit em zäje Läbe

Der Langenegger Sämu dä het es urauts Ross,
s isch lahm u schitter u het gärn sy Rue.
Es het ne tüecht, das Ross syg
fasch wöhler we's nümm läb,
u sinnet, was är für ihns chönnti tue.
Am Metzger mög är's nid gä, u darum wöui är
haut säuber mau probiere was mit Lisi z mache wär –
doch loset ietz der Gschicht no e chly zue.

Ei Morge im Novämber, da seit er «Mira wou»,
u geit i Stau u seit: «Mir göh i Waud!»
U Lisi fat a hirne, was das äch söui gä,
dä syg ja bsoffe, s chutti doch so chaut.
Ja, Sämu isch nid nüechter gsi,
das het sys Ross o gmerkt,
«I mues dänk zuen ihm luege,
we dä sich eso het gsterkt»,
so het es tänkt, «henu, de göh mer haut.»

Da bingt er's ane Tanne u nimmt nomau drei Schlück,
u seit: «I wott dys beschte, häb di stiu!»
Är stützt sech uf sy Schleguachs u plampet hin u här

u seit: «Ietz nume ruehig, s bruucht nid viu.»
De drückt er ds linggen Oug zue
u lüpft sy Schleguachs,
u zilet churz, de schlat er zue,
näb Lisis Ohre chracht's –
de gheit es um u ligt am Bode stiu.

Doch Sämu fat's a duure, är reicht en Arvle Höi,
u het sen ungere Chopf vo Lisi gleit.
Druuf trappet är i d Stube u seit: «Isch es äch tot?
I hätt nid tänkt, dass das mi däwä röit.»
Doch mängisch nützt ou Schnaps nüüt
gäg Chummer u gäg Weh,
Drum geit är wider use, u was het er chönne gseh:
Ds Lisi frisst vergnüegt sy Schübu Höi ...

Der Langenegger Sämu dä het es urauts Ross,
s isch lahm u schitter u het gärn sy Rue ...

Ruben Nilson «Den odödliga hästen»

Bärgme Hannes

Wo si dr Bärgme Hannes zu syre letschte Fahrt
hei uf e Wage gladen i sym glänzig schwarze Sarg,
da het sys aute Ross afa zie un isch drvo,
u hingedry sy nume die vier Sühn vom Hannes cho.

Trüebsinnig sy si gloffe, u heiss het d Sunne brönnt.
Da seit uf ds Mau der eutischt vo'ne,
   «wüsst dir, was me chönnt?
Syt dir nid ou so turschtig – mir hei ja nid so wyt,
mir mache none Chehr i ds Dorf; dr Pfarer het ja Zyt!»

Da hei si au dr Chopf glüpft, u kene het gseit nei.
Der eutischt geit zum Ross u seit: «Hüscht ume, los,
   mir wei
no eis ga trinken», und är het ds Ross
   a Schatte gsteut,
si sy i d Wirtschaft trappet und hei grad
   vier Fläsche bschteut.

Wo si sy usecho, da seit eine: «Schön isch's hüt,
mir wei no gschwing i Löjen abe, chömit dir nid mit?»
U vier vergnüegti Brüeder uf ihrem Pintechehr
hei natina vergässe, was hüt eigetlech gsi wär.

Wo's langsam afat nachte, seit eine:
   «So, s isch gnue»,

e dunkli Karawane trappet druf am Fridhof zue,
es Ross u vier starch Manne –
   «Itz ume ja nid gsprängt!»
seit eine, «packit a, dir zwee, dir gseht,
   es het no glängt.»

I s töife früsche Grab hei si ihre Sarg versänkt.
Der eutischt ziet dr Huet u seit:
   «Itz hätt i mir so tänkt,
mir stö drumum u singe mitnang es Chiuchelied,
das ghört sech eifach so, dir syt doch öppe nid
   scho z müed?»

Vierstimmig hei si gsunge, zwar mängisch nid so rein,
chly tschärbis aber ömu lut, fasch win e ganzi Gmein,
u voller Füür u Andacht, wyt über d Greber y,
dass es die Brüeder säuber fei erhudlet het derby.

Was het's am Vatter usgmacht dert unge i sym Grab?
Sy Sarg dä het zwar gheutet und dr Dechu
   isch fasch ab,
är het ja no vier Sühn, wo bis fasch um Mitternacht
mit Gsang u bittre Tränen ihm die letschti Ehr
   hei bracht.

Es het ihm ou nüt usgmacht, dass si so süferli
sech hei a Bode gla u natina ygschlafe sy,
sys aute Ross het graset dernäben uf dr Weid
und am Himmu lüchte Mond u Stärnen ihm i d Ewigkeit.

Ruben Nilson «Åkare Lundgrens begravning»

Veronika

Veronika, Veronika,
was luegsch so truurig dry,
was meinsch, du gsei'sch ne nie meh?
Wart nume, dä chunnt gly,
de chöit der's wider zsäme,
dir zwöi, wie früecher no,
    bis es Tag wird

Veronika, Veronika,
strych ds Haar dir us der Stirne,
das macht di nume wüescht u müed,
das Grüble und das Hirne,
du läbsch no zweni lang, u schliesslech
git's no anger Lüt
    wenn es Tag wird

U tüecht's di, ohni ihn syg glych
no aus so grau u läär,
so la's e chly versure
u nimm's doch nid so schwär,
u nächär gang a ds Telefon
u pricht e chly mit ihm,
    wenn es Tag wird

Veronika, Veronika
u sött er wider cho,
de lueg ihm lang i d Ouge,
u säg ihm, wosch mi no?
de schlafsch i synen Arme y
u wachisch zfriden uf
   wenn es Tag wird

Cornelis Vreeswijk «Veronica»

Tagelied
nach em Heinrich von Morungen, ungfähr 1191

O weh, wird ächtert nie meh
ihre Lyb i syre Pracht
no wysser als der Schnee
mir lüüchte i der Nacht,
wo mir so wohl het ta
u heiter gmacht het wie
der Mond i'r dunkle Nacht,
    da wird es Tag

O weh, mues är gäng wider ga
grad wenn es afat tage?
Wenn wird e Nacht verga,
ohni dass i mues chlage:
s wird grau, der Morge chunnt,
Blyb no n e Viertelstund,
bevor mi tuesch verla,
    da wird es Tag

O weh, si het mi gstrychlet
won i im Schlaf bi gsi,
u nass vo ihrne Träne,
won i erwachet bi,
han i 're gseit: Briegg nid,
Ha se i d Arme gno,
da seit si: Blyb e so,
    da wird es Tag

Wie het är sich vergässe
wenn är mi het abdeckt,
und ohni Chleider gluegt het,
i ha mi nid versteckt,
und är het gluegt u gstuunet
es isch es Wunder gsi,
eso z sy, är und i,
    da wird es Tag

Owê, sol aber mir iemer mê
geliuhten dur die naht
noch wîzer danne ein snê
ir lîp vil wol geslaht?
der trouc diu ougen mîn:
ich wânde, ez solde sîn
des liehten mânen schîn,
   dô taget ez.

«*Owê, sol aber er iemer mê*
den morgen hie betagen?
als uns diu naht engê,
daz wir niht durfen klagen:
‚owê, nu ist ez tac',
als er mit klage pflac
do 'r jungest bî mir lac.
   dô taget ez.»

Owê, si kuste âne zal
in deme slâfe mich.
dô vielen hin ze tal
ir trêne nidersich,
iedoch getrôste ich sî,
daz si ir weinen lî
und mich al ummevî.
   dô taget ez.

«*Owê, daz er sô dicke sich*
bî mir ersêen hât!
als er endahte mich,
sô wolte er sunder wât
mich armen schouwen blôz.
ez was ein wunder grôz
daz in des nie verdrôz.
   dô taget ez.»

Aus «Deutsche Lyrik des Mittelalters»,
Manesse Verlag Zürich

Morge

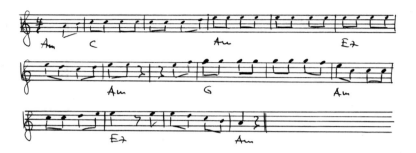

U de steit si i der Türe
u het ds Badtuech um sech gschlage
luegt nen a mit ihrne grosse grauen Ouge,
beidi warte wär zerscht redi,
dusse wird's scho e chly heiter
und si chunnt
u lähnt sech a d Wand

Zwüsche ihne isch es Täuer
druff haubvou e Tube Sänf
u si nimmt sen u trückt aue Sänf uf ds Täuer
und är fragt se, hesch no Hunger?
u si hueschtet chly u seit:
Wie dä saftet, dä Sänf,
u rütscht neecher

U si luegt wi's dusse taget,
und är fragt se was si gsei,
u si seit, i luege innerzi, nid use,
i gseh Felse i der Wüeschti,
un es Gflimmer, blaue Himu
und e Boum
wo kei Schatte git

und är seit re, wosch chly Tee?
und är git ere es Tassli,
mersi, seit si, nimmt e Löffu u chly Zucker,
Du blybsch ietze hie? fragt si,
wosch nid furt us dere Stadt,
hesch's ja schön,
u mi wirsch nid vermisse.

Si steit uf u nimmt es Buech,
es grüens Fotoaubum wo
Biuder drinne sy vo ihne vo par Jahre,
u si seit: wie ahnigslos i
da ir Gägend ume gluegt ha,
no da
vor zwöine Jahr

U si lähne d Chöpf ananger
luege wi si usgseh hei,
u de tuet si ds Aubum zue, är steit am Fänschter,
u si geit u leit sech a,
u rüeft: Läbwou, dänk nid zviu!
u änet
der Stadt geit d Sunnen uf

Lied vom Sundig

We d'Grosmueter stiu i Garte geit
u d'Glogge vo'r Chiuche schwygt,
dr Chlous mit syr Fründin a d'Aare spaziert,
dr Herr Läng i sys Outo stygt,
    de fat dr Sundi so nadina a,
    im Radio chunnt öppis vom Smetana
    u d'Sunne schynt, u d'Chiuche isch läär,
    d'Ching chöme früschgwäsche derhär.

Scho fahrt dr Herr Läng mit hundertdryssg
sym Bootshuus am Bielersee zue,
u d'Grosmueter fingt e Himugueg
uf de Himpi u seit: «E lue.»
    Im Radio chöme gedigeni Wort
    wo niemer lost, am Aarebort,
    dert lige dr Chlous u sys Meitschi am Hang
    und ärvele zfriden enang.

Itz göh d'Lüt de Beize u Budeplätz zue,
vili hocken im Stadion.
Dr Herr Läng macht bi Walperswil mit eim
e Frontalkollision.

D'Grosmueter luegt Fernseh, 's chunnt öppis vo
Tier,
da'sch gäng wider schön, seit si, eso Tier.
D'Ching fahren uf dr Strass um d'Wett
mit ihrne Trotinett.

U d'Ambulanz hornet, u ds Rösslispiu
spiut e Wauzer vom Johann Strouss,
u Züri schlat YB vier zu zwöi.
«Steu dä Radio ab», seit Chlous.
    U sy Fründin seit: «Mir sötte däich bau»,
    Dr Herr Läng ligt z'Aarbärg im Bezirksspitau.
U d'Lüt vom angeren Outo sy tod.
D'Grosmueter fingt ds Fernseh kumod.

Summerlied

D Sunne glänzt, der See isch blau,
wyssi Stärne blinke
uf em Wasser hin u här
bis si drinn versinke,
chum a Schatte, bisch haub verbrönnt,
u chly sturm, bisch d Hitz nid gwöhnt,
lue, i saube di chly, u wenn d
Durscht hesch, da het's z trinke;

Süessmoscht het's u rote Wy,
trink, derna hock zueche,
ds Ässe isch parat, we d'wosch,
chasch dervo cho versueche,
Hei, das git es chüschtigs Gfräs:
Brot, Salami, Sänf u Chäs,
Rüebli, Zibele, Meiones,
u Aprikosechueche.

Lue die angere Giele dert:
Jasse, rouke, biere,
s isch dä Dick dert wo me ghört
aupott lärmidiere:
«Was dä Löu het aui Ass,
und macht ungerueche, was?
u nid mau gwise, bsoffnigs Fass!
La di pangsioniere!»

Hüt isch erschte Ougschte, weisch,
und derzue no Sundi,
hinech chlepft's und läderet's de
da zäntume ir Rundi.
Wenn i tänke, üse Fred
üebt ietz a syr Ougschtered:
D Schwyzz syg chrank u d Schwyzzer blöd,
doch är hoff, sy gsundi.

Wie die liede däne ir Beiz:
s isch haut durschtig Wätter.
D Cheiguchrugle donnere
über Tannebrätter.
Mänge suuft u süüfzget scho:
«morn scho wider im Büro
und der Chopf scho trümmlig vo
Schrybmaschinegschmätter!»

Lisisch gäng no Sophokles?
melancholischi Ruschtig!
Mit re Fläsche Calvados
miechsch mi ender gluschtig;
Summer isch's, die schönschti Zyt.
Lig zu mir und dänk a nüüt,
aus a mi und di und hüt,
M m mmmm mhmm

Non es Lied vom Dälebach Kari

Was mei mir lenger hie im Fridhof ume sta?
Mir hei da usse nüt meh z sueche.
Är läbt ietz nümm, es isch ietz haut eso,
chum ietz mit u hör uf flueche,
> är het säuber gseit, mir söue de luschtig sy,
> het scho ds Ässe zaut, u d Musig u der Wy,
> sys liebschte Lied söu men ihm singe,
> enang verzeue was är gredt u agsteut heig
> und is wider zsäme finge.

Ihn het's ou mängisch überno, de isch er ab
i d Beiz, het mänge Bächer gheutet.
Weisch no die Sprüch u die Witze won är,
We's ihm drum isch gsi, verzeut het?
    Statt nume haub no z'läbe, wöu är z grächtem ga,
    Chum ietz mit, är het's nid anders wöue ha,
    me wird no lang von ihm brichte,
    wär weiss, de steit är irgendwo näbe dra,
    u lost zfride syni Gschichte ...

«Alle, die mich auf dem letzten Gang begleiten, sollen nur während der Predigt und der Versenkung der Urne besinnlich sein. Danach ist Gemütlichkeit und Humor an der Reihe. Ich habe Frau Jenni in der «Grünegg» ein Säli reserviert und im voraus ein Zvieri mit Hamme und natürlich einen rechten Tropfen Roten bezahlt. Da denkt alle an mich zurück, indem ihr bei Frohsinn und Geselligkeit meine Geschichten auffrischt. Zum Abschluss des Mahls, das wünsche ich mir ausdrücklich, singt für mich noch einmal «Wie die Blümlein draussen zittern». Ich werde mein liebstes Lied hören.»

Aus dem Testament von Karl (Kari) Dällenbach, Coiffeurmeister und Stadtoriginal in Bern, kremiert am 12. August 1931

S wird langsam spät

S wird langsam spät, teeu wei scho hei
vom Trinken und vom Lärme wägg,
und mänge seit sym Nachber, chumm,
s isch Zyt, mir sötte ga.
Chumm Wirt, und schänk is Roten y,
u losit zue, i singen eis,
nät öies Glas u stossit a,
u trinkit eis mit mir!

    We dir meinit, s göi gäng wyter so,
    nät e toue Schluck, eine wartet scho,
    nimmt nech mit, öb dir zwäg syt oder nid,
    drum trinkit, s längt grad no!

Ou du wo dert so protzig steisch,
zwe Siguring a jeder Hang,
u stouz i d Rundi luegsch u seisch,
die nächschti zalen ig.
Und nächär lässig umeluegsch
u meinsch, wi au itz tänke, mou,
das isch no eine, dä verma's!
– säg was hesch da dervo?

> We de meinsch, es göi gäng wyter so,
> de bisch lätz drann, eine wartet scho,
> u drum trink non es Glas, eso lang de no masch,
> u no eis, es längt grad no!

Du wo vor Töibi ds Glas verschlasch,
wüu wider mau kei Gäud meh hesch,
gang hei, dert seit dir d Frou, was bisch,
mir chöi's ou ohni di.
Und du wo dert im Egge hocksch,
u stiuvergnüegt ar Pfyffe ziesch
u zfriden üs verzeusch wi dir
gäng aues grate syg.

> We de meinsch, es göi gäng wyter so,
> de bisch lätz drann, eine wartet scho,
> u drum trink non es Glas, eso lang de no masch,
> u no eis, es längt grad no.

Und du wo meinsch, dass sowiso
aus lätz u bös wärd usecho,
und dyni Angscht au Abe hie
im Schnaps u Wy ertränksch.
Und du wo da so Liedli singsch,
vom Trinken und vom Luschtigsy,
Vom Läben und vom Stärben und
zwüschinn d Gitarre stimmsch.

> We de meinsch, es göi gäng wyter so,
> de bisch lätz drann, eine wartet scho,
> u drum sing non es Lied, eso lang de no masch,
> u no eis, es längt grad no.

Nach Bellman «Fredmans sånger» No 20

Lied vo de Lüt won i nid versta

Won i aus chlyne Ghüderi bi
zur Urgrosmuetter ggange
für z'säge: chumm cho ässe!
isch si am Fänschter gsässe
u het so arig Sache gseit
i ha se chuum verstange:
      weit äch dir galiochtig
      Beieresle gunderbiere
      dir chätzibockis Totsche mangleti
      e chly z pariere
      etz tuusig myni auti Seeu
      derewä tribuliere

Won i aus Bueb i d Chiuche bi
so isch dert eine gstange
e Ma im en e schwarze Chleid
dä het so längi Sache gseit
u het vüra so kurlig gredt
i ha ne nid verstange:

So Ewigkeit und Sündensold
und Zebedäi Samen
Denn wahrlich Fleisch im Jammertal
am jüngsten Tag erlahmen
und darum lasst uns singen und
Kollekte bitte Amen

Won i bi grösser worden und
i d Oberschueu bi ggange
da hei mir öppis Komischs glehrt
mi het das tüecht s syg aus verchehrt
u dä wo üs das het verzeut
han i nid rächt verstange:

    ypsilon plus cotangens a
    dodekaeder sinus
    von logarithmus x mal pi
    klammer geschlossen minus
    komplementär Ruhe dort hinten!
    Herrgottdonner minus –

U was me hüt so list ir Zytig
und i teeune Bletter,
da fragt me sich bi viune Sätz,
isch das äch richtig oder lätz?
da inne steit so kurligs Züüg
wo niemer rächt versteit:

    Das Psychogramm vo repressiver
    Emanzipation
    syg zwar polyvalänt und nur
    bedingt e Reaktion
    uf en e sexuelli
    Sekundärfrustrazion

I ha viu glehrt und i ha gmeint
gly verstang i aues,
doch wott äch das no i my Gring

ietz chöme ou no myner Ching
vo'r Schueu hei u verzeue Züüg
verstangi das wär wöu:

> Das het de gfägt, dasch lässig gsi
> wie die enang hei uszeut:
> dä heavy drive, wie die ygfahre si,
> u-henne spitze
> e super power sound, da bisch
> de high u totau ufgsteut!

U wirden i en aute Ma
u säuber Urgrosätti
u chöme myner Urgrossching
u säge: Sing no öppis, sing,
wie chunnt äch das de dene vor,
das Bärndütsch won i hätti?

S git settig

S git settig, die hocken
über dicke Büecher
u läse u schribe
u läse u wärde gäng gschyder
u gschyder u zletscht
pangsioniert

S git settig, die chnätte
Teigg oder schufle
Brot usem Ofe
u putze dr Schweiss ab
u pfyffe zwüschyne
e Marsch

S git settig, die luege
i Fernsehchaschte
u rouke u gine
u schaute nen us
gö i ds Bett u schlafe
schlächt

S git settig, die reise
ir Wäut umenang
vo Wüeschti zu Wüeschti
u luege wi Mönsche
kaputtgöh u mache
Fotone

S git settig, die warte
scho lang uf ihres Bier,
uf e Früelig, uf nen Antwort,
uf e Räge, uf ds Ässe
oder süsch
es Wunder

S git settig, die lige
scho lang
stiu im Bode
u tänke a nüt
troume vo nüt, vergässe
nüt

A der Muur
für Gerhard Meier

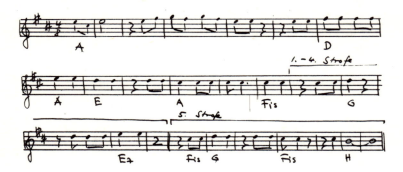

A der Muur
loufe Rägetröpf abe
gheien abe i die gäube nasse
u vertschaupete Ahornbletter
won e Hung
drinumenuschet

A der Muur
loufe chlyni schwarzi Chäfer
hin u här, u eine gheit am ne Ma
wo dert steit u sich schnützt
hinge im Äcke
zwüsche Hutt u Hemmli

A der Muur
steit ES LEBE MAO
dä läbt zwar sowiso aber dr Hung
list das nid u lüpft ds lingge Hingerbei
u tuet ds Muu uf
u läuet

U wäretdäm
dass dr Mao z China hing
sy Tee trinkt rägnet's hie, und em Chäfer

wird's afen e chly äng
u dr Hung
steut sys Bei wider ab

A der Muur
loufe Rägetröpfe abe
gheien abe i die gäube Ahornbletter
u dr Ma chrauet sich am Äcke
u de geit er
dür e Räge
dervo

Das Lied wurde im November 1974 geschrieben. Inzwischen ist MAO gestorben. Wenn ich das Lied heute singe, ändere ich natürlich die zwei Stellen:

Dä läbt zwar sowiso   *wird zu*   dä läbt zwar nümme

... sy Tee trinkt   *wird zu*   ... vergässe wird

Nacht

Es isch scho spät ir Nacht, der Vatter
dräit dr Fernseh ab,
u d Mueter seit, das tuet's für hüt,
wi bin i müed u schlapp,
es isch zwar wider luschtig gsi,
weisch no, dä kurlig Hung?
wie dä uf syne Vorderbei
isch gloffe, ee dä Hung!

Und i sym Bett mit Has u Bäbi
nuschet ds Annemarie,
es troumet vom ne grosse Huus,
es tüecht's es kenn's e chly;
dert drinn het's nüüt aus lääri Rüüm,
u s fingt dr Wäg nümm druus,
gäb wi au Türen offe sy,
da brüelet's lut dür ds Huus.

U dussen uf dr Strass e Bsoffne
braschtet vor sech hi,
was är denn aus no chönne heig,
won är no jung syg gsi,
e Hung chunnt necher, luegt nen a,
der Bsoffnig rüeft ihm: chumm!
Du bisch e liebe Cheib, – der Hung
erchlüpft u chehrt sech um.

Und öpper spiut no Cembalo,
e Passacaglia
vom Händel, u dr Bsoffnig rüeft,
steu ab, was chunnt di a!
Für was no däwä klimpere!
Druuf trappet är dervo.
U d Mueter seit zum Vatter, los,
scho wider, ghörsch es o?

Es isch scho spät ir Nacht, dr Vatter
isch bim Annemarie,
u git ihm öppis z trinken u seit
schlaf itz wider y!
U d Nacht isch trüeb, kei Stärn wo glänzt,
paar Lampe brönne no,
u ds Chiuchezyt schlat viertu vor,
u schön tönt ds Cembalo.

Ballade vom Bohnebedli

Das Bohnebedli stammt no us den aute Zyte.
Dr Gotthäuf syg dert vüra no ygchehrt, wenn är
aube vo Burdlef hei gäg Lützuflüe isch gritte,
denn syg's no öppis gsi, doch sider heig's schwär glitte,
s heig nümm viu Gescht u syg i'r Letschti meischtens läär.

Mi seit, dert heig's no fyschter Gäng u gheimi Egge,
dert schmöck's nach autem Anke und abgstangnem Wy,
und uf em Bode chläbi Hüenerdräck u Schigge,
u dürhar tüei's no nach em aute Geissbock megge,
wo synerzyt im Stau dernäbe dert syg gsi.

U sit d'Frou Brönima nümm wirti, syg's no schlimmer,
itz syg d'Frou Krause druff, e Dütschi vo Bärlin,
u wär i'r Nacht verbygöi dert, dä ghöri immer
vom Chäuer ueche Gjohl u wüeschte Gsang u Gwimmer,
das göi dert gar nid chouscher zue mit Schyn.

Dert träffi sich der Giuge Sämu u dr Marti,
dr Rotebüeler u dr gförchtet Stirnimaa,
u anger meh vo dere Gattig, nid grad zarti,
u d'Polizei wüss ou, dass's dert scho lang usarti,
doch heig no kene gwagt i'r Nacht derthäre z'ga.

Im töife Chäuer unge hocke si u gröhle
u hämpfeli Frou Krauses Töchter uf de Chnöi,

tüege se wuschen un am Boden ume tröle,
teeu wo düe jasse rüefi nume: «Stiu, dir Löle»,
das syg doch uverschant, wie das dert afe göi.

Ir aute Schüür dernäbe sygi aui Stäu vou
Munizion u Gwehr, es sygi afe schlimm,
doch das sy sicher nume Grücht, was gloubit dir ou!
Das git's doch nid i'r Schwyzz, u ersch nid
  z'Hasli-Rüegsou
es wär itz würklech Zyt, ga z'luege, öb das stimm.

Nachtlied

Der Räge louft uf ds Chiuchedach
u nume weni sy no wach
u süüfzge: scho so spät!
Der Räge louft uf Gartebett
wo's nume Chabisstorze het
u Miesch u Härd u Gjätt.

Der Lehrer byslet ds letsch Mau hütt
u tänkt a Schlaf u süsch fasch nüt
u gseht vor sich es Gsicht.
Der Pfarer isch mit em ne Buech
im Bett u ghört voruss es Gfluech
u öppis wo verbricht.

D Frou Zougg, die wartet ihrem Ma
u trinkt e Räschte Malaga
wo's i 're Fläsche het.
De nimmt si e Tabletten und
nuschet no ne Viertelstund
u geit nächär i ds Bett.

U langsam chöme Tröim derhär
der Lüscher tüecht's, ihn trück e Bär
wo uf ihm ume stygt,
u de gseht är es Ährifäud
u weis nid, isch's uf dere Wäut,
un es Ching wo drinne ligt.

D Frou Stämpfli louft uf e 're Strass
die isch wie hälls durchsichtigs Glas
u geit dür steinigs Land.
U drunger isch es bruun u viu
schlymig-grüeni Krokodiu
schwümmen umenand.

Der Räge louft uf ds Chiuchedach
u ds Wasser stygt langsam im Bach
der Pfarrer schlaft ietz ou.
Der Räge rünnt uf Gras u Böim
uf schöni und uf wüeschti Tröim
u nöime rüeft e Frou.

1977 entwarf Lukas Hartmann ein Stück fürs Schweizer Fernsehen. Über den Inhalt möchte ich nichts verraten, da der Autor zurzeit das Stück wieder umarbeitet. Nur soviel: Es spielt in einem Schweizer Dorf im Mittelland, unter lauter durchschnittlichen Schweizern. Er fragte mich, ob ich Lust hätte, Lieder dazu zu schreiben. Allmählich sind nun diese Lieder entstanden. Eines davon, das Schlusslied, möchte ich hier hinsetzen. Es streift zum Ausklang kurz alle Hauptpersonen des Stücks, während die Kamera langsam die Schauplätze einen nach dem andern nochmals im Bild bringt.

Gedichte und Übertragungen

Vom Rede u vom Gloube

Gloubet nid dene wo säge,
dir hättet äbe söue!
gloubet dene, wo säge:
ds nächscht Mau mache mer's de eso!

Gloubet nid dene, wo säge,
da'sch sowiso nid müglech;
gloubet dene wo säge:
vilich bringe's de üser Ching
oder Grossching z'stang.

Gloubet nid dene, wo gäng
vom Gloube rede,
oder a ds Rede gloube.
Rede isch Silber
Läbe isch Guld.

Mit em Strom schwümme, isch schön,
aber besser isch: usstyge, lande,
uf em Land trochne u de luege,
was dert z'mache wär;

überhoupt: wär seit, mi söu
gäge Strom schwümme, geit entweder
nie in e Fluss ga bade
oder het es Motorboot

Liebeslied für jedes Wätter

We der Himu über üüs
klar u blau isch
de isch's da inne i mir
ou blau
u du
bisch wi ne Himu über mir
genau
so blau

u we us aune Wulche
der Räge gheit
wird ou mys ganze Inneläbe
pflotschnass,
u du
bisch nöje ou nid bsungers troche
drum gang
reich e Schirm

We der Näbu über d Wäut schlycht
so rouchig grau
de isch es töif i mir inn
ou grau
u du
bisch win e chauti Näbuschwade
u schwygsch
mi a

U we's chuttet i de Böim
u wäit u pfyft
wäit's u hudlet's mi haut ou
umenang
u du
häb mi e chly gäb mi der Luft nimmt
süsch hesch
mi gseh

U we's gwitteret u haglet
u chlepft u tätscht
ja de tonneret's u blitzet's
i mir no meh
u du
chasch froh sy bisch nid i der Neechi
süsch preichti's
di ou

Vom Ha u vom Sy

I bi niemer

i ha nume zwe Hoseseck
u warm Häng drinne
mängisch ou Füüscht

I ha zmorge dahie
zmittag han i dert
u znacht han i Tröim

I ha der Himu über mir
d'Ärde unger mir
u näbe mir syt dir
u fasch aus isch i mir

I ha gärn Wasser, u Häng wo's gspüre
I ha gärn Böim, u Ouge wo se gseh

    U d Möwe flüge uf ds Wasser
    u d Mönsche fahre uf ds Land
    Grosmüetter blybe deheime
    u luege ane Wand

I ha nüüt

I bi dä wo nüüt het
aber blybt win er isch
wenn er blybt

i bi dä wo gäng seit was er dänkt
wenn er redt
u mängisch ou redt

I bi dä wo gärn uf ene Bärg geit
u luegt u de seit, aha,
da unge bewegt sich scho öppis

I bi gärn dert wo me seit:
es isch guet, dass da bisch,
i bi gärn dert
wo's mer wou isch mit mir

    U we du ir Aare schwümmisch
    de weisch wie das wär aus Fisch
    u we's de afat schneie
    bisch froh, dass keine bisch

Legände

Es het mal eine, ömu so verzeut me's,
e Predig gha, u het so Sache gseit,
wo d'Lüt hei möge lose, u wo si
gäng meh dervo hei wöue ghöre, wüu
es het se tüecht, das häufi ihne, und
si hei sich mit der Zyt e so vergässe,
dass si nid gmerkt hei, win es spät isch worde.

Won är het ufghört, hei si Hunger gha.
Füftuusig sy n es gsi, vilich no meh,
u dä wo gredt het gha, het gseit: «Göt reichit
der Rucksack mit de Brot und mit de Fische,
viu isch es nid; es wäri eigentlich
für myni Jünger und für mi, hingäge
mir bruuche's nid, es tüecht mi ender fasch,
es heig da Lüt, wo's nötiger hei aus mir.»

Druuf hei par Jünger afa Brot abhoue.
Wo aber d'Lüt hei gluegt u gseh, dass dä
ou würklech macht, was är het prediget gha,
hei si ufsmal sich afa schäme, dass
si ihres Zvieriseckli ungerem Mantu
versteckt hei gha, u hei's du vüre gno,
hei ggässe und hei dene näbedranne
du gseit: «Nät ou, mir hei no zimli vür!»
«Mir hei scho, mersi», hei teeu anger gseit,
«Hei säuber zviu», u sy ufgstangen und
hei grüeft: «Wär hätt no gärn chly Brot?»

Drufabe sy du d'Jünger umecho,
u hei am Meischter gseit: «'S hei aui gnue,
s isch win es Wunder.» – «Ja, es gseht so us»,
git dä du zrügg, «u vilich isch's ou eis.
Itz nät u ässit, heit e Guete zäme;
u da die Bitze, bringit die no gschwing
den Ussätzige u den arme Tüüfle
dert äne, wo nid troue zueche z cho.»

Schöpfigsgschicht

U dä Gott isch usecho, het
umenang gluegt u gseit:
i bi eleini,
i mache mir e Wäut.

U so wyt das är het chönne gseh
isch's fyschter gsi,
fyschterer weder hundert Mitternächt
im ene Tannewaudchrache.

Dä Gott het i die Fyschteri yneglächlet
u ds Liecht isch druus cho z'schiesse,
d'Fyschteri het sich uf der einte Syte
dervo gmacht, und uf der angere
isch ds Liecht gäng heiterer worde.
U dä Gott het sech gseit:
So, da'sch guet.

Und är het dry greckt u het ds Liecht i d'Hang gno,
Het ds Liecht i syne Häng hin u här tröölet
und e rundi lüüchtigi Sunne gmacht
u sen a Himu gsetzt.
U ds Liecht wo no vürig isch gsi vom Sunnemache
het er an es Hüüffeli gwüscht,
het's i d'Hang gno u gäge d'Fyschteri pängglet,
won es usenang gsprützt isch;
u der Mond het es drus ggä,
u der Himu graglet vou Stärne

U zwüsche d'Fyschteri u ds Liecht
het er e Chlumpe häretätscht,
das wär ietz d Wäut, het er gseit;
är isch druf gstange,
d'Sunne uf der rächte Syte,
der Mond uf der lingge,

hüüffewys glänzigi Stärne über sym Chopf,
u d'Ärde unger syne Füess.

U dä Gott isch drüber gloffe,
u won er abtrappet isch i dä weich Dräck,
hei syner Stifu d'Täler ytrückt
und uf de Syte
d'Bärgen ufegwurschtet.

Nach ere Negerpredig vom James Welldon Johnson

Am Polykrates sy Ring

Si hocken uf syr Schlossterasse.
Dr Chünig seit: «I cha's nid fasse,
das aus, Polykrates, ghört dir?»
U dr Tyrann git zrügg: «Däich wou,
Samos, und anger Inslen ou
bis uf Chlynasie änevür!»

«Du bisch dr Liebling vo de Götter,
i gseh's», seit dise, «aber sött der
dä Chrieg vergraten uf em Meer?
Dy Find isch starch, hesch nüt z'blagiere,
solang dä läbt, cha viu passiere;
doch lueg, wär chunnt de da drhär?»

S isch e Soudat. «Ma, chumm dahäre,
söttsch der de öppe ds Haar la schäre!»
«Momänt», seit dä druf, «nid so gschwing;
Dy Find isch um. Mir hei ne töfflet.
Dä het sy Suppe ds letscht mau glöfflet,
und übrigens: da isch sy Gring!»

Und är nimmt us emene Chübu
e Chopf – em Chünig wird's fasch übu –,
no grimmig schwarz u bluetig rot.
Dr Chünig mues parmau läär schlücke:
«Polykrates, aus mues dir glücke,
doch dyner Schiff ... itz lue, bi Gott.

Der Ring des Polykrates

*Er stand auf seines Daches Zinnen,
Er schaute mit vergnügten Sinnen
Auf das beherrschte Samos hin.
«Dies alles ist mir untertänig»,
Begann er zu Ägyptens König,
«Gestehe, dass ich glücklich bin!»*

*«Du hast der Götter Gunst erfahren;
Die vormals deinesgleichen waren,
Sie zwingt jetzt deines Zepters Macht,
Doch einer lebt noch, sie zu rächen;
Dich kann mein Mund nicht glücklich sprechen,
Solang des Feindes Auge wacht.»*

*Und eh der König noch geendet,
Da stellt sich, von Milet gesendet,
Ein Bote dem Tyrannen dar:
«Lass, Herr, des Opfers Düfte steigen,
Und mit des Lorbeers muntern Zweigen
Bekränze dir dein festlich Haar!*

*Getroffen sank dein Feind vom Speere;
Mich sendet mit der frohen Märe
Dein treuer Feldherr Polydor» —
Und nimmt aus einem schwarzen Becken,
Noch blutig, zu der beiden Schrecken,
Ein wohlbekanntes Haupt hervor.*

*Der König tritt zurück mit Grauen:
«Doch warn ich dich, dem Glück zu trauen»,
Versetzt er mit besorgtem Blick.
«Bedenk, auf ungetreuen Wellen,
Wie leicht kann sie der Sturm zerschellen,
Schwimmt deiner Flotte zweifelnd Glück.»*

Da fahrt ja d'Flotte scho i Hafe,
das isch mir zviu, itz wett i afe
es Glesli Uuso, auso nei;
die ganzi Flotte, ohni Schade,
mit Goud u Siuber schwär belade,
so rych chunnt die nach Samos hei!»

E Schiffer rüeft: «Ou die vo Kreta,
die hein is nöje nümme weh ta,
si au erbudlet im Orkan!
Dä Chrieg isch cheibe gäbig gloffe!
Verfluecht, dä Turscht! Itz wird eis gsoffe,
So, Giele, usen us däm Kahn!»

Dr Chünig schüttlet's vor Entsetze:
«Di mues i zwar scho glücklech schetze,
Doch i ha Schiss, es ändi bös.
Das möge d'Götter nid verputze,
Dys Glück, Dy Fröid, u au dä Nutze,
die sy nümm lang so scheneröös.

Und eh er noch das Wort gesprochen,
Hat ihn der Jubel unterbrochen,
Der von der Reede jauchzend schallt.
Mit fremden Schätzen reich beladen,
Kehrt zu den heimischen Gestaden
Der Schiffe mastenreicher Wald.

Der königliche Gast erstaunet:
«Dein Glück ist heute gut gelaunet,
Doch fürchte seinen Unbestand.
Der Kreter waffenkundge Scharen
Bedräuen dich mit Kriegsgefahren;
Schon nahe sind sie diesem Strand.»

Und eh ihm noch das Wort entfallen,
Da sieht man's von den Schiffen wallen,
Und tausend Stimmen rufen: «Sieg!
Von Feindesnot sind wir befreiet,
Die Kreter hat der Sturm zerstreuet;
Vorbei, geendet ist der Krieg!»

Das hört der Gastfreund mit Entsetzen:
«Fürwahr, ich muss dich glücklich schätzen!
Doch», spricht er, «zittr ich für dein Heil.
Mir grauet vor der Götter Neide;
Des Lebens ungemischte Freude
Ward keinem Irdischen zuteil.

Auch mir ist alles wohl geraten;
Bei allen meinen Herrschertaten
Begleitet mich des Himmels Huld;
Doch hatt ich einen teuren Erben,
Den nahm mir Gott, ich sah ihn sterben;
Dem Glück bezahlt ich meine Schuld.

Drum, willst du dich vor Leid bewahren,
So flehe zu den Unsichtbaren,
Dass sie zum Glück den Schmerz verleihn.

S git numen eis, für di z'bewahre
vor ihrem Nyd und der furchtbare
Götter-Raach, drum los my Lehr:
Statt äxtra no dys Glück z'vermehre
zie ds Unglück säuber a di häre:
Schiess ds liebschte, wo du hesch, i ds Meer!»

Polykrates seit: «Mynetwäge,
we d'meinsch, es bring mir süsch kei Säge,
Lue da, dä guldig choschtbar Ring!
Dä schänken i de Meereswäue
aus Opfer, u du chasch druf zeue,
dä gseh mer auwä nümm so gschwing!»

Wo dr Tyrann am nächschte Morge
grad syner Gschäft wott afa bsorge,
chunnt eine mit'me grosse Fisch:
«Luegit, dä han i für öich gfange,
da isch de öppen öppis dranne»,
u leit ne vor ihm uf e Tisch.

Sy Choch isch du dä Fisch cho reiche.
Springt zrügg u rüeft: «Das isch es Preiche,
Lue einisch da, kennsch du das Ding?
Won i dä Fisch da ha ufghoue,
i ha ou drümau müesse gschoue,
bevor i's gloubt ha: dy schönscht Ring!»

Da dräit dr Gascht sech, grau vor Gruuse,
u seit: «Hie chan i nümme huuse,
my Fründ chasch du nümm sy, o nei.
Denn d'Götter, weisch, wei dys Verderbe.
Adie, mit dir wott i nid stärbe.
Ab uf mys Schiff, u gleitig hei.»

Noch keinen sah ich fröhlich enden,
Auf den mit immer vollen Händen
Die Götter ihre Gaben streun.

Und wenn's die Götter nicht gewähren,
So acht auf eines Freundes Lehren
Und rufe selbst das Unglück her;
Und was von allen deinen Schätzen
Dein Herz am höchsten mag ergetzen,
Das nimm und wirf's in dieses Meer!»

Und jener spricht, von Furcht beweget:
«Von allem, was die Insel heget,
Ist dieser Ring mein höchstes Gut.
Ihn will ich den Erinnyen weihen,
Ob sie mein Glück mir dann verzeihen» –
Und wirft das Kleinod in die Flut.

Und bei des nächsten Morgens Lichte,
Da tritt mit fröhlichem Gesichte
Ein Fischer vor den Fürsten hin:
«Herr, diesen Fisch hab ich gefangen,
Wie keiner noch ins Netz gegangen;
Dir zum Geschenke bring ich ihn.»

Und als der Koch den Fisch zerteilet,
Kommt er bestürzt herbeigeeilet
und ruft mit hocherstauntem Blick:
«Sieh, Herr, den Ring, den du getragen,
Ihn fand ich in des Fisches Magen;
O, ohne Grenzen ist dein Glück!

Hier wendet sich der Gast mit Grausen:
«So kann ich hier nicht ferner hausen,
Mein Freund kannst du nicht weiter sein.
Die Götter wollen dein Verderben;
Fort eil ich, nicht mit dir zu sterben.»
Und sprach's und schiffte schnell sich ein.

Donschti

I ha my Troum gha, wie angeri ou,
es isch nüüt drus worde, und ietz stan i da,
sorglos, d Füess a Bode gsteut,
luege a Himu ueche,
gspüre myner Chleider a mir,
gspüre ds Gwicht vo mym Körper
i myne Schue,
my Huetrand, u d Luft wo yne
u wider use geit i myr Nase
u nime mir vor
nümme z troume

William Carlos Williams «Thursday»

Inhaltsverzeichnis

Lieder	Platte	Seite
S geit niene so schön u luschtig	zyt 29	7
Winterlieder für Stadtjodler	zyt 43	9
Abschidslied für Kanada-Uswanderer	zyt 43	11
Einisch sy par Manne cho	zyt 43	15
Näbulied für scho ender meh atomchraftwärchfründleche Männerchor	zyt 43	18
Ballade vo de guete u de schlächte Zyte	zyt 23	20
Ohni Fröid so wyterläbe	zyt 33	23
Lied zum Ywintere	–	26
Lue die Böim	zyt 43	29
Matroselied für Bärner Seemänner	zyt 29	31
Ballade vo de drei bsoffene Chöchine	zyt 29	33
Wie mache's de	zyt 43	34
Abraham & Co.	zyt 23	36
Barbara & Co.	zyt 43	38
Lied vom Vögeli u vom Ma	zyt 43	43
Warum gäng numen i?	zyt 43	44
Känguruh gumpe gärn	zyt 43	47
Unsichtbar bim Zmorge Blues	zyt 43	48
Vati chumm hei	zyt 43	50
Amerikabrief	zyt 43	52
Ds Lied vom Langenegger Sämu u vom Lisi	–	54
Am Bärgme Hannes sys Begräbnis	zyt 29	56
Veronika	–	58
Tagelied (Heinrich von Morungen)	–	60
Morge	–	63
Lied vom Sundi	zyt 29	65
Summerlied	zyt 29	67
Non es Lied vom Dälebach Kari	zyt 29	69
S wird langsam spät	zyt 29	71
Lied vo de Lüt won i nid versta	zyt 43	73
S git settig	zyt 29	76
A der Muur	zyt 29	78

Nacht	zyt 29	80
Ballade vom Bohnebedli	zyt 29	82
Nachtlied	–	84

Gedichte

Vom Rede u vom Gloube		88
Liebeslied für jedes Wätter		89
Vom Ha u vom Sy	zyt 43	91
Legände		93
Schöpfigsgschicht		94
Am Polykrates sy Ring		96
Donschti		102

Fritz Widmers erstes Text- und Liederbuch ist 1974 unter dem Titel «Ds fromme Ross» erschienen; diese Ausgabe ist vergriffen.

Die Schallplatten sind alle im Zytglogge-Verlag erschienen. Mehrere Lieder sind auf verschiedenen Platten; ich habe nur diejenige angegeben, welche die beste Fassung enthält.

zyt 23 «Abraham & Co» (gemeinsam mit Jacob Stickelberger) (1974)
zyt 29 «S geit niene so schön u luschtig» (1976)
zyt 33 «Im Röseligarte» (1977)
zyt 43 «Mir hocke gärn am Schärme» (1980)

*Bitte beachten Sie auch
die folgenden Seiten*

Fritz Widmer

Gluscht u Gnusch u Gwunger

Roman

... Aus dem «Gwunger» wurde bald «Gluscht», und zwar mit fortschreitender Lektüre, «Gluscht» nach Widmers Sprache, diesem jugendlichen, gegenwartsprallen Landberndeutsch. Ich verschlang das Buch und genoss es zugleich, in einer Art Sprachrausch. Fast glaube ich, dass die Figuren, die Handlung dieses Romans der Sprache entwachsen sind, wie wir jüngere und junge Berner und Bernerinnen täglich sprechen hören — hören wir sie wirklich? Widmer, der Liedermacher und Musikant, ist ein passionierter, genauer Hörer, der auch die Botschaft dieser gesprochenen Sprache vernimmt, eine Botschaft der Lebensbejahung wider Kaputtmacher und Overkiller, eine Botschaft der Kommunikation und Sinnlichkeit, wider ideologisches Blabla und tödliche Abstraktionen.

... Es bleibt auch so noch «Gnusch» genug, glücklicherweise, denn «Gnusch» ist schön, und Kunst hat, nach Adorno, immer auch die Aufgabe, das Chaos wieder herzustellen. Im Falle von Widmers Mundart-Roman ist dieses Chaos und «Gnusch» von einem grossartigen Reichtum der Sprache, der Stimmungen, der Figuren. In diesem Buch hat die Generation des Gurtenfestivals und der grossen Friedensdemonstration in Bern ihren literarischen Aufdruck gefunden. Dadurch wird es wichtig, auch für Leser der älteren Generation.
Kurt Marti

im Zytglogge Verlag

Neue Schweizer Literatur bei Zytglogge

Toni Stadler *Ziege frisst Hyäne*
Roman

Entwicklungshilfe, Stolz der Industrienationen, alltägliche Beleidigung der Empfänger, Gesprächsstoff für Eigentümer von Meinungen in Süd und Nord, Beigemüse zu Neujahrsansprachen, Public Relation für die Exportwirtschaft — Helfen hat viele Seiten.
Zu reden ist u.a. von Stadlers Engagement: Auf Seite 45 steht der radikalste Satz: «Was Marktwirtschaft im Handel mit Hungergebieten anrichtet, gehört vor ein Gericht, damit verglichen, verblasst Hitler zum Durchschnitts-Kriminellen.» So denkt Ivar, der (bewusst) blasse Hauptdenker des Romans, der jede Denkposition zu Afrika schon hinter sich hat, für den aber die grundsätzliche Schuld der Europäer und Amerikaner an der afrikanischen Misere seit je selbstverständlich ist.
Aber Ivar denkt und spricht nicht nur, er versucht auch zu leben. Im Leben muss er seine radikale Denkposition mildern, damit er mit den anderen überleben kann. Und er hat nicht immer die Kraft, so radikal zu handeln, wie er es denkend für richtig hält. *NZZ*

Beat Weber *Ich & Wir*
Roman

«Was wichtig ist im Rückblick dieses 30jährigen: Dass er eben eine Zeit nachzeichnet, die nicht wenigen jungen Leuten nach 1968 passiert ist, dass er die wichtigsten Stichworte — etwa ‹Pop-Künstler Roy Lichtenstein› oder ‹Antiautoritäre Schule Summerhill› oder ‹Dienstverweigerung› oder ‹Beziehungen› — aufgreift, sie aus dem *Abstrakten* herunterholt ins Alltägliche, eben indem er von seinen *Erfahrungen* erzählt, die er mit solchen Wörtern gemacht hat. — Es ist ein Buch nicht nur für Leute, deren eigene Entwicklung irgendwie im Zusammenhang mit ‹68› steht, sondern für alle, die sich dafür interessieren, was man damals und nachher gedacht und gemacht hat.» *Zürcher Oberländer*

Ernst Burren im Zytglogge Verlag

Burrens Dichtung kann man als engagierte Literatur bezeichnen, engagiert aber nicht in dem Sinne, dass sie dem Leser eine Ideologie zu servieren versuchte, sondern vielmehr, indem sie uns als ideologischen Brocken unser eigenes Denken zu kauen gibt. *NZZ* Schwyzerdütsch müsste man können: Ernst Burrens lyrische Scherzos und Lamentationen sind Latifundien für das absolute Gehör im Tonfall einer klangfremden Sprache. Sie hören sich so an, würden so klingen, wäre der Leser imstand, sich den Tonfall mit allen Valeurs in den inneren Gehörgang zu malen:
Ich glaube zu hören: so etwas ist Poesie. Einzuordnen in einem Freiraum zwischen Johann Peter Hebels Alemannischen Gedichten, Weinheber möglicherweise und Artmanns «Med oana schwoazzn tintn». Kunstvoll aber nicht künstlich, beherrschte Naivität. *Karl Heinz Kramberg in der «Süddeutschen Zeitung»*

derfür und derwider
Gedichte

Schueukommission
und andere Mundartspiele

Dr Schtammgascht
Erzählung

Begonie und Schtifmüetterli
Erzählung

Scho wider Sunndig
Sonderband Mundartgeschichten

Am Evelin si Baschter
Mundartgeschichten

Näschtwermi
Mundarterzählung